파온

파온

사윤수 시집

( )최측의농간

시인의 말

아직도 삶이 어색하고 낯설다
시집을 내는 일은 차마 부끄럽다

가끔 벤치에 누워 쳐다보는
허공이 오히려 익숙한데

시가 나를 세상에 정붙이게 할 수 있을까
무엇과 끝까지 갈 수 있을까

2012년 7월
사윤수

일러두기

1. 이 책은 사윤수 시집 『파온』(시산맥사, 2012)의 복간본이다.
2. 맞춤법과 외래어 표기, 문장부호의 경우 현행 국립국어원 규정을 원칙으로 삼되, 띄어쓰기는 최측의농간 자체 원칙을 따랐다.
3. 시의 한 연이 첫 번째 행에서 시작될 때는 <로 표시하였다.

차례

시인의 말   5

제1부

배롱나무   13
청자상감매죽유문장진주명매병의 목독(木牘)   14
빨래가 마르는 시간   16
코스모스   18
마포종점   20
막차   22
벽에 박힌 못이 흘러내렸다   23
몇 번은 더 이사를 해야겠지   25
착차스   27
보는 것 모두 꽃 아닌 것이 없으며
생각하는 것 모두 달 아닌 것이 없네   29
12월의 화살나무   30
파온(婆媼)   31
검(劍)이 빠르면 피가 솟구칠 때
바람소리처럼 듣기 좋다던데   33

제2부

별미   37
평화박물관   38

기세리 밤벚꽃	40
구름대장경	41
메시지	43
늪에 스미다	45
피아노 독주회 —쇼팽 발라드 1번 G단조	46
우기(雨期)	48
사랑한다는 말	50
소	51
언제라도(島)	53
안개	54
늑대, 아랑	55
자두	56
황룡사지	58

제3부

지붕을 잃어버리다	61
자기만의 방	63
나의 할머니	64
갱빈에는 돌도만코 —손님	67
갱빈에는 돌도만코 —동생 인수에게	69
몌별(袂別)	71
하도(河道) 땅에 가다	73
자화상	75
오래된 냉장고	76

와인터널	78
등 푸른 물고기	79
달마가 동쪽으로 간 까닭 —속편	81
쓰나미 부부	83

제4부

부레옥잠화적멸기	87
해운대 에레지	88
울음	90
투야의 결혼	92
집	94
냄새	97
떨어지지 않는 눈	99
겨울시내버스	100
술병	102
비매(秘梅)	103
석양	104
모과	105
나는 사교적인가	106

제1부

우리는 다름 아닌 우리의 생각이다.

―존 휠러

배롱나무

꽃을 벗은 배롱나무
한 그루 하얀 불꽃이네

허공을 다 내어주었겠으나 믿지 아니하고
마디마디 외면하였네

허공을 아름답게 속였네

동국진체 긴 편지를 쓰듯
눈[雪]을 기다리는 자태가
백년이네

청자상감매죽유문장진주명매병의
목독(木牘)

 그날 밤 소쩍새 소리에 처음 눈을 떴습니다 검은 허공이
실핏줄로 금이 가 있었습니다 사깃가마 속 사흘밤낮
회돌이치는 불바람이 나를 만들었지요 흙이던 때를 잊고
또 잊어라 했습니다 별을 토하듯 우는 소쩍새도 그렇게
득음하였을까요 나는 홀로 남겨지고, 돌아보니 저만치
자기(瓷器) 파편 산산이 푸른 안개처럼 쌓여 있었습니다

 모서리에 기러기 매듭 끈이 달린 국화칠색단 남분홍
보자기가 나를 데려갔습니다 다포 겹처마 팔작지붕
아래 슬기둥 덩뜰당뜰 당다짓도로 당다둥 뜰당* 거문고
소리 깊은 집이었습니다 달빛 애애한 밤 오동 잎사귀
워석버석 뒤척이면 나는 남몰래 사수 겹머리사위체 춤을
추곤 했지요 대숲에 댑바람 눈설레 치고 지고 내 몸에
아로새겨진 버드나무에도 당초호접무늬 봄이 수백 번
오갔습니다

 여기는 커다란 하나의 무덤 그 속에 작은 유리무덤들,
이제 나는 침침한 불빛에 갇혀 있습니다 내가 죽은 것인지

산 것인지 나도 모르는데 날마다 많은 사람들 들어와
나를 쳐다봅니다 밖에는 복사꽃 붉은 비처럼 어지러이
떨어지는지** 전해주는 이 아무도 없고 그 사이로 천 년의
강물 흘러갑니다 때로는 내가 흙이던 날의 기억 아슴아슴
젖어옵니다 누가 이곳에 대신 있어준다면 나는 잠시 꿈엔
듯 다녀오고 싶건만 아, 그 소쩍새는 아직 울고 있을까요

* 어느 책에서 빌림.
** "도화난락여홍우(桃花亂落如紅雨)" 매병에 새겨진 이하(李賀)의 시
「장진주(將進酒)」에서.

빨래가 마르는 시간

마치 아무 일 없었다는 듯 빨래가 널려 있다
이동 건조대 가득 큰 대자로
위쪽은 나란히 직수굿하고
아래는 넌출진 구비를 드리운다
세탁기 속에서 혼비백산
그 컴컴하고 거친 물살을 통과한 기억이
빨래에게는 없는 것 같다
머릿속까지 표백되었을지도 모르니

세상에는 매달려서 견디는 것들이 많다
나도 어떤 것에 안간힘으로 매달려
한사코 떨어지지 않으려던 때가 있었다
외줄을 잡고 젖은 빨래처럼 허공에서 뒤채었다
씨앗이 여무는 시간도 그러했으리라
양 팔 가득히 빨래를 걸치고 서 있는 건조대가
수령 오래된 한 그루 빨래나무 같다

은결든 물기와 구김을 다림질 해주듯

햇볕이 자근자근 빨래의 등뼈를 밟고 다닌다
어느 어진 이의 심성과 순교의 윤회일까
제 본분인 양 빨래는
모짝모짝 부지런히 말라간다
마치 아무 일 없다는 듯
그 배경에 잠풀 향기 은은하다

코스모스

코스모스가 살아온 방식은
한결같이 흔들렸다는 거다
이 바람결에 쏠리고 저 노을 쪽으로 기울며
제 반경을 끊임없이 넘어가던 그 범람이
코스모스의 모습 아니던가
가만히 서 있을 땐 속으로 흔들리는 꽃
몸이 그토록 가늘고 긴 것은
춤을 추라고 생겨난 것이다
가늘고 길수록 춤은 위태하니
위태해야 더욱 춤인 것을

어머니께서 나를 지으실 때
꽃대 무너진 아득한 어둠 속에서
그 꽃잎 한 움큼 뜯어 삼켰던 것일까
내 몸의 성분은 수많은 코스모스의 퇴적물 같다
눈을 감아도 흔들리고
국밥집 앞에서 개업식 공연하는
각설이 타령만 들어도 춤추고 싶다

한복 입고 환영식에 나온 평양아가씨들 같은
코스모스는 뜨겁게 흔들리다 죽은 것들의 환생이다
흔들리며 사는 것들의 뒤통수에서 수군거리지 말자
가을 국도(國道)의 평화는 온통
코스모스가 이루어 놓은 것이니

마포종점

 그곳이 어디쯤인지 짐작되지만 나는 그곳에 가 본적이
없다 남자가 내게 물었다 좋아하는 노래가 뭐냐고,
마포종점이라고 했다 내게 마포종점의 계절은 겨울이었다
오래 전 가요무대에 그 노래가 나왔을 때 화면엔 일기예보
자막이 스멀스멀 지나가고 있었다 고드름처럼 두꺼운
영하의 온도 숫자와 폭설주의보가 계속 반복되었다 아픈
시 같았다 어디선가 마포가 새하얗게 절규하며 얼어붙는
밤이었을 것이다
 남자가 내게 물었다 좋아하는 가수가 누구냐고,
마포종점을 부른 은방울자매라고 대답했다 클래식을
좋아하는 그는 곧바로 떠나갔다 출발도 하지 않았는데
나는 종점에 서서 갈길 없는 밤 전차가 되었다 몇 년 전
자매 가운데 한 사람이 세상과 이별했다 부처 같은 나의
큰 이모를 닮은 그녀, 포구의 강물이 여전히 내가 가 본적
없는 영등포와 여의도와 당인리 발전소에까지 쓸쓸히
젖어들었겠다
 갓 쓰고 두루마기를 입은 사람이 마포나루에 서 있는
흑백 사진을 본 적이 있다 그러나 아직 마포종점이 있는지,

어디에 있는지 나는 알고 싶지 않다 그것에 대해 내게
말하지 말라 다만, 노래에 관한 얘기라면 나는 마포종점을
빼놓을 수 없다 마포종점도 불멸의 클래식이므로 나는 그
힘으로 견딜만하다 서글프지 않으니 나의 마포는

막차

서로 새댁시절에 친구였던 그미를
십오 년 만에 재회 하였다
옛 애인이 그리워, 가족을 재워두고
먼먼 부두까지 택시를 타고 달려가던 그미가
갈릴리 푸른 바다를 건너온 듯 했다
나를 영혼의 고아라 부르며
매점에서 산 삶은 계란을 고이 까준다
그미가 들려주는 복음을 타고
나는 푸른 풀밭에 누웠다가
잔잔한 물가로 인도 되었다가
그토록 기다리던 구원이 드디어 눈앞이라
이제 그미의 손을 잡기만 하면
천국이 멀지 않겠는데
누군가 분실한 축복을 그곳에 두고
나는 어디선가 막차를 그냥 보내는 것이었다
먼 훗날,
낯선 처마 밑에서 겨울비를 긋는
남루한 내 영혼이 휙 지나가는 것도 같았다

벽에 박힌 못이 흘러내렸다

 거듭 내리치는 우레와 불꽃을 품고 돌이킬 수 없는 절벽
깊이 박혔다 단 한 걸음도 허락되지 않는 견고한 부동의
곡예 실핏줄 균열마저 움켜쥐어야 더욱 단단히 뿌리를
내릴 것이므로, 피가 맺히는 자세를 묵묵히 버텨내는 것에
너의 지극함이 있었다

 벽의 지층에서 못의 뿌리가 갈래갈래 자랐다 어둠을 먹고
못은 붉은 꽃을 피워 열매를 맺고 싶었을 것이다 이마가
은색인 족속이 저무는 나의 기슭과 마주칠 때마다 유난히
빛난다면 그것을 저녁별이라고 불러도 되지 않겠나 못도
오래 박혀 있으면 누군가 거는 외투만으로도 그 사람 생의
무게를 잴 수 있다

 배호(裵湖)의 음성 같은 가을, 등에 못이 박힌 사람들이
서성인다 등이 벽인 줄 알고 잘못 일어난 일일까 귀뚜라미
노래로 만든 목걸이를 못에게 걸어주자 박혀있던 못이
굵은 첫 빗방울처럼 툭 떨어진다 시간의 어금니 하나
빠지듯 허공 아래 풍덩! 그토록 드팀없던 한 세계가 해탈

와불이다

  빈 동굴 한 채 유적지 되어
  벽에 서리다

몇 번은 더 이사를 해야겠지

이사 전야 거실 어둠 속에
짐 보따리가 무인도처럼 흩어져 있다
남부여대 이십사 년 이동 경로를 적어보니
열세 번 둥지를 옮겼구나
친정이라는 북극에서 신혼이라는 남극으로
모험이라는 오지에서 생계라는 시장으로
불화라는 고립에서 독립이라는 미지로
함께 날개를 펴고 저어가다가
서로 날개를 부딪쳤다가 날개가 부러졌다가
날개가 젖었다가 달빛에 날개를 말렸다가
날개가 꺾였다가 한쪽 날개를 잘라냈다가
날개를 접었다가 남은 날개를 다시 펴보는
저 짐을 지고 날아오를 깃털 몇 개
아직 내 겨드랑이에 남아 있는가
사람은 이탈해도 나날을 지탱해주는 건
솥과 냄비와 컵과 숟가락 젓가락
이불과 냉장고와 책들, 저 말없는
가장 분명한 것만이 가장 최후까지 대열에 남는다

버리고 갈 수 없는 「나」라는 가구는
그곳에 가서 어떻게 재배치해야 할까
걸어도 걸어도 그 자리 가도 가도 떠난 자리*
주소를 하늘로 두기 전까지
완전한 이사는 없다

먼 강물 소리 삼경에 유목을 앞두고 쓰다

* "행행도처 지지발처(行行到處 至至發處)" 의상대사.

착차스*

줄줄이 꿰인 짐승의 회색 발톱들이
반질반질 매끄럽다
안데스 라마들은 죽을 때
제 발톱이 뽑혀져 악기가 된다는 것을 안다
마지막 눈을 감으며 안간힘으로
제 생의 기억을 밀어 넣은 발톱의 안쪽이 깊다
흔들면
오래전에 살점과 물렁뼈가 빠져나간 흔적이
착착착 흔들리는 소리
흙바람 속을 저물도록 걸었을
착착착 찰찰 기억의 껍질들이 부딪치는 소리
찰찰찰찰찰
소리가 소리를 자꾸 흔들게 만드는 소리
그것은 살아서 이룰 수 없는 구음이므로
돌아오지 못할 협곡을 맨발로 건너간
라마 떼가 물끄러미 이쪽을 돌아본다
파란 잉카의 하늘이 짐승의 속눈썹에 젖어있다
차르르 차르르르

야윈 뒤편에서 와락 안고 싶은 소리
맑은 물살처럼 뒤집어쓰고 싶은 소리
죽어서 나도 악기가 되고 싶은 소리

* 안데스 지방의 민속 타악기.

보는 것 모두 꽃 아닌 것이 없으며
생각하는 것 모두 달 아닌 것이 없네*

지난밤 유해야생동물 지정 뉴스를 듣고
서둘러 자진한 걸까 비둘기 한 마리
회반죽 덩이처럼 길바닥에 죽어있다
평화의 상징도
비둘기처럼 다정한, 장미꽃 넝쿨 우거진 것도 아닌
날짐승의 삶이란
들이치는 바람의 파도를 안으며
허공의 좌표를 따라가는 것
그러나 너는
하늘 비행보다 종종걸음 노숙으로 살다가
유족도 없이 객사하였구나
네 등을 떠밀던 해일이 날갯죽지 사이에 멎어있다
주검이 곧 유서인 저 고요한 내용
마술사가 두 손으로 보듬으면
마른 깃털이 작약꽃처럼 피어날 거 같다
푸드덕 푸드덕 훨훨
달처럼 높이 날아오르겠다

*『바쇼의 하이쿠 기행』

12월의 화살나무

　나무 나무 나무 속에 나무 아닌 나무가 서 있다 나무가 되고 싶지 않았던 나무 멀리 날아갔으나 다시 돌아와 일제히 제 온 몸에 박혀버린 화살들 뺄 수가 없었다

　화살나무에서 책장 넘기는 소리가 난다 나무이고 싶지 않았으므로 꽝꽝나무 아왜나무 호랑가시나무 푸른 등 뒤로 화살나무의 눈동자가 어둡다 그 나무 곁을 지날 때면 마른 책장 하나 넘겨주고 가야한다

　적막의 과녁을 향해

　무인우주선처럼 날아가는 화살이고저,
　돌아오지 않으려 했던

　화살 나무[南無]

　나, 무[我無]

파온(婆媼)

파온,
세 번째 폭우가 그쳤다
멀리 숨었던 새들이 돌아오고
풀벌레들 똘똘똘 또르르르 노래하겠지

파온,
배롱나무 제 치마 아래로
자디잔 꽃잎 낭자하게 해산(解産)하였다

파온,
어디쯤에서
무말랭이 가지말랭이 박오가리가 마르고 있을 거 같아
슴슴히 뒤집어줘야 할 텐데, 생각한다
한나절 뒤뜰에 앉아 가만가만 울콩을 까고 싶다

파온,
조금 물때* 밀치락달치락 갈마들어
왈강달강 왈강달강 조약돌들

파도는 밤새워 광목 이불 뒤척이는 소리

파온,
생의 무늬가 아스라이
흩어지던 은빛 머리카락이었나
그 무늬 만져보면 부드럽고 따스하니
진양조로, 불어라 바람이여

* 조금 물때: 밀물과 썰물의 변화가 심하지 않은 때.

검(劍)이 빠르면 피가 솟구칠 때
바람소리처럼 듣기 좋다던데*

온다던 적은 아직 기미가 없다

운명보다 한 발 앞서가거나 반 발자국 늦게 가야한다고 배웠다
그러나 운명은 바늘구멍보다 작은 옆문에서 기다린다
사막을 건너다 뒤를 돌아보면 길을 잃어버린다는 것을 알면서 왔던 길이다

태양이 중천에 이르자
말발굽 소리 지열을 흔든다
적들의 냄새가 거칠게 닥쳐온다
가까이 더 가까이
베고 또 베면 그뿐,
칼과 칼이 난무하고
몸과 몸이 몰락하고
모래자락 흩날리며 허공에서 춤을 춘다
적이 죽은 것인지 내가 죽은 것인지
검은 구름이 설핏 태양을 가리는

한 순간

내 목줄기를 가르는 장검의 일획이 써늘하다
비린 칼끝이 이토록 깊이 와 닿기는 처음이구나
내 피로 내가 듣는 붉은 바람소리
배신처럼 가볍고 비단같이 매끄러운 소리
잠속으로 아늑아늑 잦아든다
곧 푸른 별똥별들이 툭툭 떨어지겠지
나를 위해 누가 울어주기를 바랄 수는 없는 법
사막의 장례는 풍화라는 걸
알고 왔던 길이다

* 영화 〈동사서독〉

제2부

이럴 때 뭘 좀 먹는 일이
별것 아닌 것 같지만,
도움이 될 거요.

― 레이먼드 카버,
　「별것 아닌 것 같지만, 도움이 되는」

별미

바람이 한 상입니다
이월의 별미는 눈꼬리가 새파란 바람이지요
파닥파닥 신선한 육질의 바람 요리는
이월에만 맛볼 수 있어요
알싸한 체취 소소리소소리 밀어붙이며
귓불을 씹거나 속살을 에일 때
뉴스에서 추위가 절정이라고 할 때
추위의 심장을 갈라 절정만 꺼내 드세요
지느러미는 겨울
뱃속에는 봄 알이 꽉 차서
부위별로 맛이 다른, 바람 중에 제일 맛있는 바람
고 싱싱한 어류는 이월에만 팝니다
놓치지 말고 맛보세요
내년 이월은 없으니깐요

평화박물관

서울에 있는 평화박물관
조계사 근처에 있다던데 찾지 못하겠네
행인들에게 여러 번 물었으나
모른다, 들어본 적 없다 하네
내가 평화! 라고 속삭이면 암호를 주고받듯
박물관! 하며 서울 사람들은 다 알 줄 알았는데
시련을 헤쳐 온 평화가
숭고한 대접을 받는 박물관이지 싶은데
모르네 보이지 않네
그곳을 찾으면 내 평화도 얼마쯤 이루어질 거 같아
그 입구 앞을 몇 번이나 스쳐 헤맨 뒤에야
발견했네
서울 바닥 한줄기 실바람 같은 골목어귀에
냉이 꽃으로 피어있는 표지판
조계사 건너편에 갠지즈강 모래알처럼 박힌
'평화박물관'이라는 글자
세상모르게 평화로웠네
박물관에는 후쿠시마 풍경이 있었네

원자력 폭발로 평화를 빼앗긴 땅

빼앗긴 들에도 봄은 오는가, 라며
큰 병을 앓은 이국 사진들이 고요히 걸려있네
수척한 폐허에
새 살처럼 다시 조금씩
평화가 자라고 있었네

기세리 밤벚꽃

올 때는 어지간한 맘으로 왔겠나

해마다 꼬박꼬박 들러

봄 양식을 들여 주고 가는 벚꽃

어둠에 드리운 저 환한 타인을 올려다보면

억만 장 피어도 어느 꽃잎 하나 만만치 않다

옥포면 기세리 저문 벚꽃길에

사람들 물결 밀려 오가고

차들은 전조등을 번득이며 엎치락뒤치락이다

벚꽃나무 사이사이마다 야시장 행상이 빼곡하다

닭다리 똥집 족발 파전 동동주

두더지잡기 총 쏘기 야바위 이불전 까지

꽃이여! 여기는 꽃이불을 펴는 지상입니다

한철 벚꽃 장사 꽃 지기 전에 꽃 피워야지

제 온몸을 밝혀 비추는 벚꽃 아래

행인들 꽃가지를 붙들고 사진기 앞에서 웃는다

달 밝은 봄밤이 생애에 몇 번 남았나

꽃 치마폭에 싸여

모든 것 글썽글썽 꽃으로 반짝인다

구름대장경

위에 위에 허공 위에
그 위에 더 위에 구름나라
여기엔 구름이 산다
가없는 말발자국구름
하늘 솥 가득 수제비구름
긴긴 띠구름
구름 마을 구름집들
굽이굽이 구름굽이
사래 긴 구름밭
울울창창 구름숲
일파만파 구름파도
천 권 만 권 구름책
구름 안도 구름
구름 바깥도 구름
구름 아닌 것을 찾으려 한다면
구름은 허락하겠지만
나는 구름문을 열고 어디로 나서겠는가
이륙하기 전에 흩날려 보낸 문장들이

저기 구름으로 변해있다
구름 나라에선 구름을 믿어야한다
호호망망 오천오백 마일 로마행
나는 말[言]의 나라에서 왔으나
구름은 아무것도 묻지 않는다
전부가 구름이며 하나의 구름인 구름대장경
한 필 오려서 장삼 만들어 입으리

메시지

 저녁 여덟시쯤 메시지를 보내고 집을 나선다 메시지가
잘 발효되어 포도주나 담백한 치즈로 돌아오길 바라면서도
짐짓 시간을 외면하며 산책을 한다 매끄럽고 속도가 빠른
우연은 추억을 빠져나가기 쉽지만 누구나 그런 일이
일어나지 않기를 애써 바라는 것이다 배롱나무 꽃송이
아직 어둠에 매달려있고 곧 붉디붉게 물들 화살나무
단풍에 대해서도 생각한다 답장이 조금 늦어지는 건 산책
시간을 늘리는 핑계로 삼을 수 있으니 그리 나쁘지 않다
사백 미터 트랙을 열 바퀴 쯤 돌 때 답장이 와도 좋을 거
같다 이제 일곱 바퀴를 돌았으니 반반이던 확률이 삼십
남았다 어쩌면 불발일지라도 끝은 아닐 거라 믿으려 한다
 뱅뱅뱅 트랙을 돌던 사람들, 함성을 지르며 축구하던
선수들 게임을 마치고 운동장을 빠져나간다 스탠드 조명이
하나 둘 꺼지고 아름드리 버즘나무 이파리들 서걱서걱
검게 나부낀다 하얀 뼈로 변해 깊이 잠들어 있던 문장이
꿈틀거린다 편지는 언제나 수신자에게 도착한다* 답장은
언제나 발신자에게 도착하지 않는다 오지 않는 무언은
무언이 아니므로 얼떨결에 세계문학전집 백 권을 할부로

들여놓은 거 같은, 후회는 뒤에 온다는 진리가 가로등처럼
또 빛나는 밤이다

* 라캉, 「도둑맞은 편지」

늪에 스미다

 겁도 없이 그쪽으로 다가갔지. 늪이라면, 아귀처럼 잠복해 있다가 사정거리에 들어온 먹이를 순식간에 덮쳐 물어뜯을 줄 알았는데, 우포는 뭔가 바보스러운 데가 있는 거 같아. 우포(牛浦)가 우포(愚浦)로 들리거든. 일억사천만 개 이빨로 가끔 바람의 젖꼭지나 잘근잘근 깨물고 있던 걸. 너는 왜 고요하냐고 물어보니 무수한 귀를 가졌기 때문이라더군. 그러니까 세상 모든 웅얼거림 그 귀로 다 빨아들여 뚝, 시치미 떼는 거겠지.

 겁도 없이 늪의 가슴에 손을 넣었어. 너의 생이 기우뚱, 포플러 잎새들 차르르르 떨고 새들이 화들짝 날아올랐지. 늪은 가시연꽃 필 때 눈 한 번 떴다 감는다고 해. 그러니까 그리운 것을 기다렸다가 가시마저 눈으로 삼키는 거겠지. 늪의 바닥에는 시들지 않는 눈물이 맺혀있을지도 몰라. 칠십만 평 너의 가슴이 젖은 편지 한 장 같던 걸. 천 번이라도 혼자 돌아오는 길은 낯선데 바보와 내통하고 싶은 나의 후생을 아무래도 그곳에 두고 온 거 같아.

피아노 독주회
—쇼팽 발라드 1번 G단조

흑막이 조금씩 조금씩 얇게 벗겨지자
아슴푸레 푸른빛이 길게 뻗쳐 내린다
검은 벨벳 같은 윤기를 띠며 견고한
피아노의 육신이 서서히 양각으로 드러난다
무대는 적막의 솔기가 터질듯 미세하고 팽팽하다
팽팽함의 권위가 객석을 엄숙하게 길들인다

이윽고 밝은 조명을 거느리며
부드러운 질감의 미소가 등장한다
허리가 꺾일 듯 다소곳이 인사를 하는 저 내막은
어디선가 본 관대한 점령군 혹은
폭정의 예고편을 닮았다

불모의 저음부터 열락의 음역까지
피아노는 이미 제 세계를 열어두었으므로
손가락은 곧바로 피아노를 탐색하기 시작한다
눈을 감고 하얀 살 위로 미끄러지며
포정(庖丁)의 칼처럼

뼈마디 마디를 저미며
일찍이 피아노 몇 대쯤은 삼켰을 법한
점령군이 서서히 피아노의 심연을 추격한다
건반이 손가락이 되고 손가락이 건반이 된다
저 질주는 초속 몇 킬로미터일까
저항이라는 음표는 악보에 없을 테니
피아노는 부서질 듯 식민지가 될 터였다

아파쇼나토 아첼레란도
프레스토 포르티시모!*
오래도록 일지를 지향해왔을, 함락
그 교성이 독주회의 명분을 가열차게 완성시켰다
그날 밤
관음증 청중들이 일제히 기립박수를 쳤다

* 속도와 강도를 나타내는 음악 용어.

우기(雨期)

굵은 빗소리가 밤을 흔든다
어둠 속에서 비가 비를 피해 쫓기고 있다
상처 입은 적군들
비릿한 비의 체취가 쳐들어온다
낙화,
몌별(袂別)의 시간이다
바람에 흔들려서 바람꽃이라면
바람에 흔들리지 않는 꽃이 이 세상 어디에 있을까
나는 바람이 불지 않을 때도 흔들린다
상처 난 꽃들이 비의 국경을 넘는다
빗줄기가 더욱 맵게 창문을 때린다
무수한 새순을 매단 나뭇가지들이
삽화처럼 허공에 어른거리고
창문엔 어지러운 빗금들 유성음으로 할퀴어대는
그림자영화가 상영 중이다
두려움 없던 계절에
저마다 한 편쯤 찍었을 애정영화
흑백필름이 가로등 빛에 젖어 추락한다

맹세란, 걷잡을 수 없이
손가락 사이로 도망치던 모래와 같은 것

— 비가 그치면 하구로 가십시오
   부르트고 덜떨어진 맹세의 자모음들
   그 ㅁ이나 ㅅ의 잔해가, 부유가 거기에 있을 것입니다

사랑한다는 말

울타리가 없지만 뛰어넘을 수 없는
강이 아니지만 건너기 힘든
어려운 것 아니지만 말하기 어려운
입이 떨어지지 않는 말
사, 꽃잎 활짝 피듯 아래턱이 벌어지지 않는다
사랑을 모른 채 굳게 닫힌 성벽이다
랑, 내 혀는 짧고 어두워 랑랑 명랑하게 굴려지지 않는다
사랑을 모른 죄로 누군가 잘라버린 나의 혓바닥
해, 다시 한 번 아래턱을 아래로 열어보지만
어긋나는 내 사랑의 구강구조
돌연변이 시든 꽃잎이 되었다

소

어둠 속에서 소가 운다
바람의 기둥에 코뚜레를 부비며
고삐를 떨친다
워낭소리 허공에 흩어져
소가 하염없이 나를 바라본다
오래전, 소가 울던 밤
문빗장을 열어 두었다
가거라
먼 강물 굽이 흐르는 기슭
발굽 소리 가뭇없이 멀어지길 기다렸다
어서 가라
포정(包丁)의 칼에도 들키지 말고
도라지꽃 같은 별들은
네 뒷모습을 지우리니

속눈썹이 타들어가는 꿈이었다
내 가슴 위에서 야윈 소가 잠들어 있다
이슬에 젖어 돌아온 소

혼자 갈 수 없었다 한다
소는 모른다
너를 따라가는 날
내가 장님이 될 검붉은 형벌에 대해

언제라도(島)

말과 말 사이의 섬
아슬아슬하거나 낡은 말 아니고
매운 연기와 시간의 깃털 같은 말 말고
파도가 곱게 늙어 죽을 때까지
여러해살이 풀꽃이 자라는 섬
언제라도(島)
그곳은 멀고 가끔 가뭇없이 사라져
누가 쉽게 언제라도, 라고 말 못하지
파혈된 심장처럼 노을이 저편으로 흘러내릴 때
해안에서 혼자 눈을 뜨는 저녁이면
그 섬에 대해 생각하는 버릇이 있어
언제라도……
그렇게 말해주면 좋겠어 그곳에서
늦어도 꼭 와줄 것만 같은 당신의 손을 잡고
오래오래 맨발로 걷고 싶어

안개

새벽안개가 낭자합니다
당신의 뿌리로부터 얻고자 했던 점액질처럼
안개는 세상을 전면 포위하였습니다
마디마디 시간의 파편이 너무 촘촘하여
나는 길을 잃었지요
안개는 희고 길은 어두웠지요
당신이 계신 소읍은 흰타래난초 군락지입니다
그곳에 내 심장 한 조각 떨어뜨립니다
당신의 뼈로부터 얻고자 했던 골수처럼
안개는 하얀 늪이 되어 나를 포박하네요
깊디깊어 고요한 당신의 눈매 아직 잠들어계실까요
안개 한 자락 끌어당겨
그대 몸에 덮어 드리고 싶습니다
양떼 같은 안개가 조금씩 길을 열어 줍니다

늑대, 아랑

 늑대가 탈출하였다 오래전 만주를 떠나 서울 대공원에서
사육되던 일곱 살 수놈이었다 수목원으로 향하던 날
짐차에 실려 거리로 나오는 순간, 늑대는 나무 우리를
부수고 뛰어내렸다 도시에는 곧바로 늑대주의보가 울렸다
시민들은 두려움에 떨었으나 100여 명의 경찰, 마취총 6정,
포획망 10개, 사냥개 30마리를 동원해 이틀 만에 늑대를
사로잡았다 텔레비전 뉴스에 비친 늑대의 눈빛이 떼꾼했다
야수가 아니라 도피 끝에 지친 수배자의 모습이었다
수의사는 늑대의 심신을 안정시키고 격리치료를 해야
한다고 했다 그러나 왜 탈출하려 했고 지금 심정은 어떤지
늑대에게는 아무도 인터뷰하지 않았다 한동안 나는 그것이
궁금해 그 늑대에게 편지를 써볼까 생각하던 밤, 꿈에
늑대 한 마리가 나타났다 처음 보는 암놈이었다 그날,
같이 이송되고 있었는데 수놈이 자기를 한참동안 바라본
후 산이 가까워지자 힘차게 뛰어내렸다고 그리고 안개
속으로 사라졌다고 전해주었다 나는, 다시 기회가 생기면
그때는 둘 다 아주 멀리 가라, 가서 죽어도 돌아오지 마라,
고 말하려는데 아무리 버둥거려도 입이 떨어지지 않고 내
속에서 늑대 울음소리만 새어 나왔다

자두

아주 오래전부터 당신은 나를 당신이라 불렀습니다
당신은 부르고 잊어버리고 나는 듣고 생각지 못했습니다
그때는 이곳에 자두나무가 있는 줄 서로 몰랐겠지요
자두나무 자라고 그 세월 동안 자두 꽃
피고 지는 것도 서로 몰랐을 겁니다
당신은 그저 이사를 했으니 다녀가라 했지만
저 높이 키 큰 자두나무에
빨간 자두 가지가지마다 익었다고
마치 내게 자두 꽃 편지를 보낸 것 같았습니다

자두나무에 올라간 당신 한 움큼 자두를 땁니다
땅 위에 서서 당신을 쳐다보고 있는
나를 당신이 내려다보며 자두를 건네줍니다
빨간 빨그댕댕 자두 알들 당신 손에서 내 손으로
주먹 쥔 갓난아기 미끄러지듯 굴러 내립니다
동글동글 하나 둘 셋 넷
당신 손가락 끝을 지나 맞대고 벙그린 내 두 손으로
자두가 다 건널 때까지 당신과 내가 자두를 바라봅니다

나는 알 것 같습니다
당신이 이 세상에 태어나
처음 자두나무에 올라가 자두를 따고 있으리라는 것을
서로 자두나무 곁을 떠나더라도
이생에서 우리 잠시 자두나무 식구였다는 것을

뻐꾸기 소리 영롱한 한나절
풀쩍, 당신이 자두나무에서 뛰어내립니다
빨간 자두 알알이
수많은 풍선되어 날아오릅니다

황룡사지

당신 계신 곳으로
오래 걸어온 동쪽입니다
낮과 밤의 몸뚱이가 베어지고 불타고
세월의 지문과 시간의 잔해만 남은 신전
하얀 나비 떼 니일니일 햇빛 속으로 날아오릅니다
아득히 자줏빛 구름이 옷소매를 드리워
내 눈을 가립니다
아무것도 맹세할 수 없는 풍정
노래와 노래가 뼈와 뼛속으로 스며드는 늪입니다
당신의 손을 잡는 순간
내가 산산이 부서질 예감입니다

어찌 하시렵니까,
다시 천 년을

제 3부

조그만 물고기가 냇물에서 미끄러져 내려간다.
그리고 죽은 벗의 손을 만지며
이마의 주름살과 옷을 다정스레 펴준다.

― 게오르그 트라클, 「우수」

지붕을 잃어버리다

하늘을 조금씩 떼어 인간에게 나누어준 것이 지붕이다

 술 취하여 농기구를 집어 들고치는 아버지를 피해 한바탕 맨발로 동네를 돌아오면 시린 발끝에 달빛을 끌어당겨 덮어 자곤 했다 명지바람 발밤발밤 지붕 위를 거니는 소리 툭, 투둑, 투두둑, 자드락비 맨 먼저 떨어지는 소리 감또개 똑! 또그르르 굴러 내리는 소리 그 우주의 초침 소리가 나를 키웠다

 사람들은 지붕을 걷어냈다
 지붕 위에 집을 짓고 또 지으며
 사람 위에 사람이 떠다니는
 욕망의 층수를 쌓아 올리기 시작했다

 가슴에 비가 샌다거나 무엇을 찾아 헤매는 이들은 지붕을 잃어버린 사람들이다
 물탱크, 녹슨 에어컨 외기, 손바닥 만한 남새밭을 이고 서 있는 집들

고층 건물 꼭대기엔 불면의 안테나 어지럽게 솟아있다

할아버지를 내가 본 적 없듯이
아버지에겐 일찍부터 지붕이 없었던 것을
머위 잎 푸른 기억의 툇마루에 앉아
지붕을 타고 흘러내리는 낙숫물 소리 듣는다
처마 밑에 일가를 이룬 제비 식구 촉촉한 새끼들
새롱새롱 감꽃 같은 입을 벌리며 오졸거린다
푸른 물소리 아득히 번져간다

자기만의 방

잡동사니 한 포대 옹망추니 등에 업혔다
등짝이 애면글면 쇠똥구리 경단 끌듯 간다
가마솥 같은 어둠 속 멀건 국건더기처럼
절반이 고꾸라진 끝자락에
휘전거리며 나아가는 두 발목이 가끔 보인다
집은 있으나 자신의 방이 없는 칠순 노인이 있었다
일 킬로그램에 백오십 원 쳐주는 파지를 팔아
자신의 방을 마련하는 게 꿈이어서
그날도 눈 내린 새벽길을 나섰다가
하늘까지 미끄러져 가버린 일이 있었다
자식은 부모를 우물에 끌어넣어도 자식이라던
팔조령 고모할머니의 오랜 말씀이
업혀가는 모든 것들의 이름을 어루만진다
업은 사람이나 업힌 것이나 곰비임비 비쓱비쓱
한쪽이 기울면 함께 무너져 나뒹굴 판인데
덩치 큰 바보 아들을 들쳐 업은 듯
그 동행은 싸목싸목
바람 비탈을 에돌아간다

나의 할머니

 돌배기 딸을 업고 밭갈이 가셨네. 오뉴월 땡볕
아래 오리처럼 기우뚱거리며 밭고랑을 접었다 폈다
김을 매셨다지. 등짝에 나부대는 아기에게 묽은 젖
먹이고 저만치 소나무에 포대기를 묶어 아기도 묶어
매달아놓으셨다 하네. 왕개미들 아기를 깨물어 자지러져도
사래 긴 밭 못 다 매면 고초당초 시집살이 매워 바쁜
해거름, 긴 고랑을 쪼며 눈물 속아내며 김을 메셨다하네.

 할머니 아직 고왔을 그 시절, 동짓달 가마솥 가득히
팥죽을 끓이셨다네. 호롱불 아래 아궁이 불 지피다가 한
세월 파도치는 죽을 노 저어 가다가 잠시 뒤란 나뭇단을
가져온 사이, 쥐 두 마리가 팥죽에 거꾸로 처박혀 있더라네.
그 죽을 다 버렸는지 쥐만 건져내고 아까워 죽은 먹었는지
들려주시던 말씀 가물가물한데 오래전 시간의 바깥으로
떠나신 할머니 모습만 팥죽 속의 새알처럼 몽글몽글
떠오르네.

 난데없이 난이 터져 육이오가 터져 나의 할아버지

서른에 어둠 속으로 끌려가셨네. 같이 끌려가다가 도망친
할아버지의 친구 그믐 밤 나무 아래 곰처럼 웅크리고
있다가 살아 돌아오셨다는데 할머니 가슴에 남은 건 어린
자식 셋이었네. 경산 코발트 광산*에 내 할아버지의 젊은
영혼 아직 떠도실까 할머니는 만나셨을까.

  동네 다리 밑에 전을 치고 돼지국밥 판 돈을
자식들 앞가림에 눈물 대듯 주셨네. 도시로 떠난
우리들에게 이삭을 문 어미 제비처럼 날아오시던 할머니.
파란 열무 단을 이고 오시네, 함지에 덜퍽지게 포도를
이고 홍시를 지고 할머니가 오시네. 문맹으로도 홀로
각다분하고 감때사나운 세상을 더듬어 13번 버스와
31번 버스가 헷갈려 수시로 잘못 탔다가 어스레한 골목
멀리서부터 손자들 이름 부르며 들어서시던 나의 할머니.

  동네 위로 기차가 지나가는 시골집에서 고상고상
노루잠 노후를 혼자 보내셨지. 일 년에 한두 번 할머니
집에 들러오던 그때는 몰랐다. 사그라지는 불빛의 심정과

머지않은 부재에 대해,

"밤마다 저 감나무에 어떤 년이 소복을 입고
앉아있는기라.
　나쁜 년이 가지도 않고 자꾸 내한테 손짓을 안 하나."
　달빛 창문에 어리는 검은 나뭇가지가 그렇게 조금씩
할머니를 데려가고 있었던 것이네.

　세월은 거칠었으나 맵시는 물강스럽지 않고 늘 볼이 붉고
해사했던 키 작은 할머니. 뼈대도 선산도 없는 가문에서
한 움큼 뼛가루가 되어 남성현** 고갯마루에 뿌려졌네.
텔레비전 속에 사람이 있다고 믿던 할머니, 내가 무엇을
믿고 살아야할지 몰라 세상 베돌며 바장거릴 때 천국의
열매를 한 광주리 이고 저 바람 부는 강을 건너 내게로
오시는, 나의 할머니.

* 한국전쟁 당시 수많은 민간인이 끌려가 집단 학살당한 곳.
** 경상북도 경산과 청도 사이에 있는 작은 마을.

갱빈에는 돌도만코*
— 손님

목단 꽃 뒤에 숨어서 보았지 나 어릴 적에 마당을
가로질러 성큼성큼 걸어 들어오던 너를 나는 손님인 줄
알았다 제삿날 와서 하룻밤 자고 돌아가던 친척처럼
목단 꽃잎 검게 지듯 너 돌아갈 줄 알았다 기별 없이
예의도 없이 들이닥쳤던 너는 그러나 그날로 눌러앉아
숯검정 정지로 열무시래기 걸린 뒤안으로 달구새끼들
도리반거리는 마당으로 잽싸게 쫓아다니고 마루
밑으로 장독대로 지붕 위로 펄펄 훌훌 날아다녔지
쾌지나칭칭나~네 너는 밥상을 수시로 마당에 패대기치고
장독대 옆구리 걷어차고 방문 너들너들 떨구고 달이
뜨거나 별이 지거나말거나 우리 식구를 뜯어먹으며 세월을
휘저으며 찬란하게 슬픈 가문을 만들어갔다 엄동설한에
먼 길 이사하여 너 몰래 잘 도망 온 줄 알았다만 네가
먼저 도착해있었지 너를 피해 내가 열여섯 때 바다 깊이
뛰어드니 거기까지 따라와 너는 나를 물미역 건지듯
건져냈더구나 나 시집가도 너는 나를 계속 불러냈지
가라앉지도 늙지도 않는 너를 어르고 달래고, 업고
재우고, 깨면 안고 울었다 꽃눈개비 쏟아지던 작년

봄에는 난데없이 내 동생을 잡아먹고 그래도 아직 배고픈
눈을 하고 이제 네가 목단 꽃 뒤에 숨어 내 눈치를 보는
손님이여, 슬픔보다 크고 눈물보다 질긴 장구한 손님이여

* 영남전래민요 〈칭칭이〉

갱빈에는 돌도만코
—동생 인수에게

 머나먼 길 홀로 어이 갔느냐 춥지 않더냐 배는
고프지 않았느냐 거기가 어디라고 내게 물어보지도
않고 갔단 말이냐 네가 떠나던 날 벚꽃 꽃비 눈물로
아롱아롱 휘날리었다 부모 형제 자식 두고 먼저 가는
이 너 뿐 아니지만 이 비애는 나의 것만 같아 무엇을
주고 너를 다시 데려오랴 너의 인생 구부야 구부구부
험한 고개 넘어 꽃이 좋아 나무와 돌이 좋아 백 평
넘치도록 애지중지 난초를 키우니 이제 즐거이 살 줄
알았다 그런데 더 좋은 곳 어디에 있을 줄 알고 이리도
내팽개쳤느냐 세상이 너에게 친절하고 아양 떨기를 바라지
마라, 고 항시 너를 생각하여 내 마음 깊이 보내는 편지를
왜 몰랐더냐 외로움에 치를 떨며 그 큰 눈에 닭똥 같은
눈물 흘리던, 장동건보다 잘 생기고 석부작 목부작 난초
작품을 잘 만들던 너를 미처 더 사랑하지 못한 나의 죄
너무 크구나
 어디로 갔는지 어디에 있는지, 다시 오거라 잠시라도
와서 가슴에 맺힌 못다 한 말 네 설움 내게 내려놓아라
이러구러 저러구러 산 날보다 살날이 더 적게 남았거늘

그 세월은 채워야지 그 다음에야 앞서거니 뒤서거니
명정공포(銘旌功布) 다 건너거든 우리의 꽃밭을
만들자구나 네가 그토록 원하던 오곡백과 나무를 심고
장미꽃 울타리에 물고기 연못에 네가 좋아하는 진돗개
두어 마리 풀어 함께 뛰놀자구나 이 불쌍하고 나쁜 녀석아
어디로 가든 어디에 있든 너는 나와 함께 있느니라
너는 영원히 나의 동생이니라

몌별(袂別)

저 새벽 허공에
아득한 늪이 있는 거라

까마귀 떼 죽어
검은 꽃송이로 툭툭 떨어지는

젖은 구름의 석주들이
매복해 있는 거라

벌거벗은 바람이 걸려 넘어지네
바람의 눈이 찔려 터지네

두 눈을 주고
바람은 악사가 되었지

선잠에 깨어 사방을 둘러보니
운무처럼 가득한 부재
그 어떤, 부재

<

눈먼 악사가 맨발로 탄주하네
허공의 현을 경중경중 밟으며 건너뛰며
이토록 낯선 몌별의 강 건너
꿈이 아닌거라

하도(河道) 땅에 가다

하도(河道),
도무지 내륙의 지명 같지 않은
그 골짜기에 땅 보러 간다
아버지도 모르게 아버지가 물려받은 땅 오십 평
가문에 땅이 있었다니 듣는 일 처음이다
경상북도 경산시 하도리
스쳐 지나면 모를 깊은 수풀
아버지가 전해들은 기억을 가물가물 헤집으신다
이우는 감나무 두어 그루 돌담장 잔해
그쯤인 듯 폐허가 환삼덩굴을 뒤집어쓰고 있다
여기가 내 할아버지 어릴 적 노닐던 집터였구나
오십 평이 아득
늙은 세월의 장소가 나를 감싸 안는다
저 어느 틈에 할아버지의 흔적 아직 묻어있을까
할아버지 서른에 불귀하시고*
다만 이 흙 땅에 발밤발밤
내 발자국을 겹쳐보나니

<

아버지가 명아주 몇 줄기를 뽑아 저쪽으로 훌쩍 던지신다
살[買] 사람이나 팔[賣]값 없는 땅
파산에 넘어가니 가기 전에
꼭 한번 보고 싶어 찾아온,
영영 땅 한 평이 먼 부녀가
땅을 보고 돌아오는 여름 오후
왜 그렇게 해가 길었다

---

* 할아버지는 한국전쟁 때 경산코발트광산(민간인 대량 학살터)에서
돌아가셨다.

자화상

어느 물가로 갔나
내가 돌아오지 않네
비는 오는데

내 속의 우물이 다 말랐네
목마른 물고기들 파닥이네

종일 사람들을 스쳐 지나
돌아와 보니 내가 없네
나를 잃고 왔네

사방에 어둠이 스미고
땅에는 검은 비 쏟아지는데

너는 어느 강가로 갔나
빈 집에서
내가 나를 기다리네

오래된 냉장고

깊은 밤 불을 끄고 누우면
냉장고 돌아가는 소리 귓가에 울린다
언제나 그 자리에서 맴도는 것들의
붉은 물집은 어디에 맺히는가
오래 살아온 짐승의 녹슨 숨소리처럼
지치도록 돌다가 잠시 숨을 멈춘 때
똑, 또르르 구르는지
뚝딱, 똑딱, 부딪치는지
어두운 내부에서 물집 터지는 소리 같고
뼈마디 부러지는 신음도 같고,
냉장고도 오래되면 늙는다
가슴에 차가운 눈물 흘리는 것들의
따스한 등은 늘 벽에 막혀있어
늙으면 냉장고도 서럽다
모두 잠든 어둠 속에서
너는 오랜 직립의 고행으로 서 있고
궤도에서 길을 잃은 나는
한 마리 메마른 짐승으로 누웠다

앞만 바라봐야하는 네 굳은 어깨 쪽으로
가만히 달빛 스민다

와인터널

해바라기 노오란 속눈썹 그늘을
둥글게 따라가면 와인터널이 나온다
터널이라는 어감은 왠지
어둡고 막막한 쪽으로 익숙하다, 그러나
생의 고비사막을 넘어와
온몸이 닳고 해진 사람들은
이제 터널쯤은 두려워하지 않는다
와인터널은 파충류의 뱃속처럼
써늘하고 축축하다 그 저릿한 체온이
오래도록 열매의 육신을 태운다
숙성된다는 건
뼈저린 발효의 감옥을 통과하는 것
형형한 열매의 혼들이 가득 찬 터널은
거대한 와인 납골당 같다
소믈리에가 왈츠 리듬으로 와인을 따라준다
모래바람 불던 마른 목줄기가 붉게 젖는다
낡은 아가미로 숨을 쉬지만
아직 절반 남은 몸뚱이 속의
그 소용돌이치는 혈류도 와인터널이다

등 푸른 물고기

백 킬로그램이 넘는 냉동 참치가
갑판 위에 쏟아지는 배경으로
등 푸른 생선을 일주일에 이백 그램만 먹어도
돌연사를 막을 수 있다는 기자의 보도가 팔팔하다
맹렬히 바다를 누비며 마사이 전사 같은
짙푸른 등을 만들었으나, 정작
원양어선에 생포되어 자신의 돌연사를 막을 수는 없었던
참치의 미끈한 등이 쇳덩이처럼 얼어붙었다
천천히 사라지는 것보다 한꺼번에 타버리는 게
낫다*지만
돌연사를 막자는 기자의 구호는 완강하다
이미 곪고 시든 식욕에도
입술이 퍼레지도록 그 물고기들의 등짝을 벗겨먹으면
유통기한을 연장할 수 있을 듯 들린다
저토록 푸른 등을 꼬박꼬박 삼키면
헤엄쳐보지 못한 내 비탈진 등에도
수많은 비늘이 갑옷처럼 돋아나 돌연사를 막아줄까
쑥과 마늘을 먹고 인간이 된 곰처럼

등 푸른 물고기를 먹고 등 푸른 물고기가 되어
드디어 저 바다로 갈 수 있을까

넘실넘실 물결이 이마를 적신다
바다가 허공에 차오른다
등 푸른 물고기 떼들이 내 지느러미를 이끌고
유유히 그물을 빠져나간다
길을 지우고 그림자조차 남김없이

* 커트 코베인(미국 그룹사운드 Nirvana의 리더)의 유서.

달마가 동쪽으로 간 까닭
—속편

고등학생인 나를 꼬맹아 꼬맹아 부르던 아저씨, 거문고
내던지고 배용균 감독 따라가 〈달마가 동쪽으로 간 까닭〉
만들었네. 훗날, 배창호 감독과 〈길〉을 만들어 필라델피아
영화제에서 최우수작품상도 받았네. 그 아저씨 보고 싶어
내 나이 반세기에 다시 만났는데, 영화 한 편 더 만들고
싶다는 여전히 맑은 모습. 물땡땡이 무늬 몸뻬 바지에
머릿수건 쓰고 광주리에 보리밥 이고 들길 걸어가는 아낙
역할 있으면 나 좀 시켜 달라 하고 헤어져, 영화는 돼가나
어쩌나 궁금해 메시지 보내니 이틀 뒤에 온 답장

"마지막 전투인데 칼 한 자루 없는 무사처럼 심심하여
먼산바라기만 한다"고

달마도 길도 좋았건만
그 길이 아니었다면 지금쯤
가야금에 황병기, 거문고에 강 아무개 되었을까

<

마음 달이 물밑에서 차오를 때
너의 주인공은 어디로 가느냐*

* 영화 〈달마가 동쪽으로 간 까닭〉

쓰나미 부부

 내가 친애하는 선배 부부가 일본 센다이에 오래 살고 있었다. 아내를 두고 그 남편이 잠시 한국에 볼일을 보러 나온 사이에 쓰나미가 덮쳤다. 그곳 동네가 장난감 모형 부서진 듯 다 젖은 채 뉴스에 둥둥 떠다녔다. 남편이 집에 전화를 거니 먹먹, 아내의 핸드폰은 묵묵. 이메일도 보냈다. 아내는 집과 함께 혼몽 엎어지며 부서지다가 천신만고 끝에 한국대사관에 도착했다. 그리고 남편에게 기별했다. 아내는 겨우 몸을 추슬러 경상도 출신인 남편이 보냈다는 이메일을 열었다. 편지에는 두 줄이 적혀 있었다고 한다.

 "어떻노, 괜찮나
 살아있으면 연락해라"

제 4 부

폐허가 된 건물은 용도라는 제약으로부터
다시 자유로워진다.

—루이스 칸

부레옥잠화적멸기

 부레옥잠 몇 포기 사서 집에 왔다 시장을 배회하던
여행자와 광신도와 구도승이 따라왔다 오지자배기에
물을 채우고 부레옥잠을 담그자 동행자들도 자배기 속에
함께 뛰어들었다 가끔 물이 출렁이며 전 밖으로 넘치고
부레옥잠, 종이배처럼 흔들릴 때 누군가 먼 길로 빠져나간
젖은 발자국들 보였다 달빛은 부레옥잠에게 여행자는
사막을 건너고 구도자는 성전의 나라에서 오체투지를,
광신도는 머리 깎고 입산했다고 전해주었다 부레옥잠은
아무 말도 할 수 없었다 고요를 움켜쥐고 어금니를 깨문
채 진통을 견디고 있었기 때문이다 제 몸이 막 열리기
시작했기 때문이다 보래알 하나 흘리지 않고 머리카락
한 올 떨어트리지 않고 파아란 지느러미 같은 경련으로
꽃송이를 밀어 올렸다 실핏줄까지 아팠겠다
 꽃이란, 그 아픔이 지탱하고 있는 상부 같은 것
 허공에 지은 저 생애를 어찌 감당하나 며칠 지켜보던
내가 괜히 절박했는데 왔던 길을 되돌아가듯 꽃은
제 목숨을 꼬깃꼬깃 접는다 적멸의 입구에서 홀로
염습(殮襲)한다 달빛이 그 소식을 떠도는 자들에게
전해주었다

해운대 에레지

해운대 백사장에 가거든
새우깡 한 봉지 사서 갈매기 향해 뿌려보아라
한 움큼 허공에 흩어보아라
갈매기 떼 퍼드덕 퍼드덕 끼룩끼룩 미친 듯 달려들 것이다
죠나단이 누구인가 아는지 모르는지
날아오르는 것은 새우깡이고 갈매기는 내려앉으며
받아먹기 바쁘다
아, 새들이여
그러다가 생새우 사냥법을 영 잊을라
하기는 너희가 내게 새우깡 하나만을 바라는데
내가 너희에게 많은 것을 바랄 수는 없다
날지 못하는 내가

힘차게 새우깡이나 던져 올리자
낭만을 위장한 배우처럼
천 원짜리 한 봉지로 푸짐한 영화를 찍자
갈매기 모여드는 배경과 파도를 효과음으로

마지막엔 나도 새우깡 받아먹는

장면을 넣는 거다

그리고 이렇게 끝내는 거다

협찬 — 해운대 번영회

울음

물컹하게 곡진 음(音)이
기다란 리본처럼 허공에 너울거린다
무엇인지 어디서 새는지
모호한 방향에서 점점 가팔라진다
높고 미끄러운 단조다
아파트 중간 층 어디쯤이 서랍처럼 밀려나와
담겨있던 울음이 조금씩 쏟아지는 것도 같다
진양조로 밀다가 달구다가
자진모리 휘모리 풀다 맺으며
울음은 제 몸의 악보를 몇 장 째 넘겼다
베란다에 나가 둘러보니
건너편 예배당 앞에 중년 여자가 서 있다
두 무릎을 달달 구르며 문손잡이를 잡고 흔든다
한 번만 보고 싶어요. 문 좀 열어주세요!
그녀의 허름한 쪽빛 치마가 부서진 음표처럼 찰랑인다
야윈 뒷모습이 천국행 기차를 놓쳐버린 승객 같다
열어주지 않는 문 앞에서
부사로 낮았다가 접속사로 높았다가

주어를 잃고 목적어를 삼켜버린
한 문장의 울음이 끝없이 이어진다
엇모리 절름박자로
울음 고개를 넘어 간다

투야의 결혼*

 한 여자, 중국 내몽골의 가없는 초원 위를 말달린다.
어린 자식 둘과 병든 남편을 둔, 구름 같은 양떼를 키우며
물동이를 지고 나르는 투야, 떡갈나무 같은 여자. 당신을
사랑했으므로 결혼했고 당신을 사랑하므로 아픈 당신을
위해 이혼하고 부자 남자와 결혼하겠다는 여자, 자식들과
남편을 함께 부양해 줄 남자를 찾는 못 말리는 여자.

 종횡무진 투야 곁을 맴도는 썬거, 착하고 가난한 한없이
마음 약한 남자. 목숨을 걸고 땅 밑에 들어가서 계속
폭파해야만 생기는 우물, 그 우물을 파다가 남편은 불구가
되었는데, 썬거가 다시 투야의 집 쪽에 우물을 판다. 지평선
끝까지라도 엎어지고 자빠지며 투야를 따라가는, 아,
나에게도 그러한 한 사람 있었으면 싶은 남자.

 투야를 사랑하므로 남편은 동맥을 긋는다. 대륙의 지층
같은 생의 짐을 끌며 투야가 운다. 투야의 남편을 살리기
위해, 투야를 달래며 썬거가 운다. 눈물의 뿌리에 매달린
작은 별들. 투야의 생은 사선이다. 그녀가 붙잡고 싶은

것은 아무것도 붙잡히지 않는다. 빗살무늬, 바람에 날리는 빗줄기처럼 그녀의 소망은 때마다 어긋난다. 어긋남으로써, 슬프기 때문에 아름다운 이승.

투야, 울지 마요!

* 영화.

집

 초가집 기와집 너와집 돌담집 흙담집 천막집 판잣집,
마당 깊은 집 언덕 위의 하얀 집 외딴 집 유원지에 하나쯤
있는 공포의 집 바람의 집 영혼의 집……

 눈물의 유년을 반추시키는 한국영화 〈집으로〉, 잔잔한
사랑의 중국 영화 〈집으로 가는 길〉, 아! 저런 영화도
있구나 싶던 이란 영화 〈내 친구의 집은 어디인가〉, 인형이
살지 않는 〈인형의 집〉, 중고등학교 때 지독하게 들었던
노래 에니멀즈의 〈해 뜨는 집〉, 포커들이 좋아하는 풀집,
소로우의 통나무 집, 하이데거가 말한 언어는 존재의 집,
손님이 몇 오면 무릎이 부딪치는 이용휴의 「살구나무
아래의 집[杏嶠幽居記]」, 도연명의 무릎 하나 들일 작은 집

 몸이든 정신이든 돌아올 집이, 기다려 주는 집이 없다면
이 여행은 달라질까.

 에른스트 페터 피셔의 『또 다른 교양』에서; "마치
노발리스가 말한 것처럼, 충분히 오랜 시간 동안

우주를 여행하는 사람은 집으로 다시 돌아오게 되어 있다. 노발리스는 그의 소설 『푸른 꽃』에서 이렇게 말한다. 우리는 지금 도대체 어디로 가는 겁니까? 항상 집으로."(187쪽)

오쇼 라즈니쉬의 『삶의 길 흰구름의 길』에는 지상에서 최고 부동산 자산가의 집이 나온다. 두 방랑자가 체포되었다. 치안판사가 첫 번째 사람에게 물었다. 당신은 어디에 사는가? 그 사람이 말했다.

"온 세계가 나의 집이며 하늘이 나의 지붕이다. 나는 어느 곳으로나 가며 거기에 아무런 장애물도 없다. 나는 자유로운 사람이다."

판사는 옆에 있는 다른 사람에게 다시 물었다. 그러면 당신이 사는 곳은 어디인가? 그 방랑자는 말했다.

"그의 옆집에."

<

부실공사로 지어진 내 마음의 집
바람 없는 날 바람처럼 흔들린다
돌아가야 할 집을 잊고 마음의 집을 부수고
그 옆집 행랑에 사글세를 살아볼까

바다 밑 제비집에 사슴이 알을 품고
타는 불속 거미집에 물고기가 차를 달이네*

* 효봉선사의 선시(禪詩).

냄새

멀리서 진한 냄새가 번져오네
사연이 있으려니 했네
어디선가 감자를 삶는지 옥수수를 찌는지
다 익어서 이제 그만
됐다고 냄새가 아우성이네
조금 있으면 냄새가 끝나겠지 싶었네
그러나 냄새는 멈추지 않고 점점 부풀어 오르네
보이지 않는 적처럼 가까이 더 가까이 다가오네
급기야 타는 냄새가
콧구멍을 다 메울 기세로 자우룩이 들이치네
그래도 모르는 척 하고 있자니
드디어 찾아냈다는 듯
냄새가 전방위로 나를 포위하네
아주 아래위로 힐끔힐끔
내 온몸을 친친 감으며 울분이네
절규하네

<

왜,
타는 곳으로 와보지 않는 거야!

떨어지지 않는 눈

 왼손 새끼손가락 마디에 보리쌀알 만한 돌출 이게 뭔가, 딱딱한 걸 보니 물집은 아니고 까끌까끌하게 만져지고 가끔 아프기도 한데 그러다가 말겠지 사라지겠지 그런데 애비 모르는 자식 밴 듯 계속 붙어있다 내가 모르는 척 하면 뱃속 발길질 마냥 다시 찡하니 쑤신다 한 달이 지나 자세히 보니 티눈, 바위에 달라붙은 따개비처럼 땡글땡글 제법 커서 낯선 씨앗 하나 붙어 자라고 있는 괄시 못할 가관 나는 티눈액 바르고 병원에 가서 드라이아이스로 지지고, 티눈은 콕콕 한사코 나를 공격하고 일곱 달이 너머도 떨어지지 않고 똥배짱으로 내 살점에 붙어 사는 네 살점의 통증, 이건 또 무슨 다른 장면이냐

 기어이 열 달을 넘기는 그 놈을 제왕절개 수술로 들어냈다
 서운했다

겨울시내버스

칼바람이 코끝을 휘두르는 밤
익숙한 번호를 가슴에 달고 시내버스가 온다
구원투수다
동동거리던 사람들 우르르 올라탄다
통째로 후끈후끈한 버스
아주 덩치 큰 짐승의 뱃속이다
천 원만 내면 누구에게나 평등한 온기
벌벌 움츠렸던 몸 나른하게 녹여준다
천정에는 라디오 소리 맹렬한 광고
정거장 안내방송이 불협화음으로 터져 나오고
가로등이 강물에 제 그림자를 적시는 다리를 건너
버스는 모감주나무 꽃 피고 지던 모롱이를 돌아간다
서 있는 사람들 앉아서 창밖을 보는 사람들
저마다 버스를 타고 흔들리며 건너왔을 세월이
운명공동체 같다
세상은 하나의 커다란 무덤이라지만
시내버스는 무덤 속에서 달리는 심장이다
내려야할 곳에 다 와 가는데

이대로 북극까지 묻지마 관광을 떠나도 좋겠다

춥고 쓸쓸한 날
어디로 가야할지 모를 때 시내버스를 탄다
군불을 지핀 아랫목 같은 은신처가
두리둥실 훨훨 떠나간다

술병

 너는 지고한 갑각류, 온몸에 술을 품고도 취하지
않는구나 술은 너의 피며 심장이며 뼈며 성기며, 불이며
바다며 눈물이며 열망이며, 언어며 노래며 구원이며
우주겠구나 네 의식이 차갑고 투명할 동안, 너의 내부가
가득할수록 함부로 너를 쓰러뜨리거나 무시할 자 없겠구나

 너는 뭇 인류가 숭배하는 종족을 수태하였으므로 하나의
입구가 동시에 출구인 것은 하혈하지 않는다 다만, 너의
세계가 주객의 폐부로 모두 흘러간 뒤 견고하던 네 입술에
쓸쓸한 바람 소리 부우우 일겠거니, 그때서야 너는 흠씬
취하겠구나 어쩌다 물밑으로 아득히 걷어차이는 네 일신의
그 비자발적 유폐, 혹은 산산이 부서지는 순간에도 너는
냉소 지으며 빛나겠구나

비매(秘梅)

기나긴 동거였다
나보다 어른스러운 네가 내 몸에 깃들어
오래도록 아프게 붉게 물들이곤 했었지
그때마다 나는 동백꽃이었나 칸나였나
빈혈을 앓는 뜨락에서 꽃피고 열매 맺던 때
그게 온통 생의 강줄기였나 봐
이 유적지에 나를 남겨두고
너 어느 날 문득 보이지 않다니
영영 내 몸을 빠져나간 달무리 쪽으로
나는 서운한 인사를 들고 서 있는 빈 집 같다
포롱포롱 연둣빛 동박새가 돌아오면
비매(秘梅)처럼
너도 다시 한 번 내 몸에 맺히겠는가

석양

 이제 내가 관여하지 않을 때도 되었다 너희들 사랑아,
추억아, 고립아, 밤아…… 막내는 이름도 모르겠구나
남은 날은 너희들끼리 알아서 이합집산하고 알리바이는
없애라 나는 늙었으니 현장에 나를 끌어들이지 마라
땅속에서 십칠 년을 지새워 땅 위에서 이레를 울고 죽는
소수매미처럼 나는 반생동안 어둠과 눈물로 이 오두막을
지켰다 너희에게 물려주니 이제 나를 찾지 마라 내 비극을
외면하고 나는 희극적이며 내 운명을 외면하고 나는
비운명적이려 한다 나는 나를 외면하려 한다 여기 내
이빨과 발톱과 뼈를 뽑아주마 혹여 길이 멀고 어둡거든
물어 보아라 내가 어디에 가서 몸과 몸을 섞으며 어떤 말
같잖은 말을 허공 높이까지 떠들었는지 그것들은 알리라
다만 분명한 한 가지, 한 번 쏜 화살을 찾아와 쪼개어보면
그 속에는 아무런 흔적도 화살도 없을 것이리라

모과

 야생 모과 열댓 개 땄다. 저 맘대로 뚜글뚜글 뭉실하고
얇은 연둣빛 노란빛은 볼수록 착하다. 양손으로 감싸 쥐니
면면이 평온하다. 입 맞추고 볼에도 눈두덩에도 대고 모과
이마에 코끝을 오래 묻어본다. 이건 애인과 두 손을 맞잡고
고요히 나누던 익숙한 자세다. 자비롭고 애틋한 체취, 가지
끝에 맺혀 이 향기를 만드느라 모과는 무슨 생각을 했을까.
나무보다 더 먼 나라에서 여기까지 온 것 같다. 책장에
라디오 위에 컴퓨터 옆에 삼삼오오 모과를 담아두었다.
작고 노란 섬들 옹기종기 깜빡인다. 혼자 잠드는 내
머리맡에도 모과가 불러주는 자장가 향기 따스하다.

나는 사교적인가

누가 나를 두고 참 사교적이라고 한다. 기차를 타고 가다가 옆에 앉은 남자와 얘기를 나눴다고 하면 그이는 또 내가 정말 사교적이라고 한다. 그러나 그건 여행의 일부, 나는 대부분 혼자 떠돌았다. 계추나 동창회라는 장르는 취향이 아니고 가족도 낯설어 나의 전생이 모래나 기름이었을까 싶으니, 사교적이라면 린다* 긴다 난다 정도는 되어야지. 나는 가진 무기가 없고 연애는 끝내 서툴렀으며 죽으면 찾아와줄 사람 열손가락이 안 될 텐데 도리어 사교가 나를 허락하겠는가.

하기야 그 말이 영 틀린 건 아니겠다. 오래도록 나를 지배한 건 인간에 대한 기대와 연민, 이제 그 무기들을 앗아 무장사지**에 갖다 묻는 것이 차라리 평화를 얻는 일이리라. 그렇기는 하다, 나는 사교(私敎)의 교주. 여행지에서 주워온 조약돌들, 십만 양병 밤개구리 소리와 가시엉겅퀴꽃, 흘러간 노래와 나는 사교적이다. 웃장을 주더라도 삶이라는 이 뒤숭숭한 선물과는 좀더 거래를 해볼 참이다.

* 린다 김: 무기 로비스트.
** 경주 폐사지.

최측의 농간 | 시　006

파온

신판 1쇄 발행 2019년 1월 24일

지은이 | 사윤수
펴낸이 | 신동혁
편집 | 안희성
디자인 | 물질과비물질
펴낸곳 | 최측의농간
출판등록 | 2014년 12월 31일 제25100-2017-000014호
주소 | 서울시 마포구 마포대로 25 7층 78-1
전자우편 | choicheuks@gmail.com
블로그 | blog.naver.com/choicheuks
대표번호 | 0507-1407-6903
팩스번호 | 0504-467-6903

© 사윤수, 2019, printed in Korea

ISBN | 979-11-88672-11-0 (04810)
　　　979-11-956129-6-3 (04800) (세트)

* 이 책의 판권은 지은이와 최측의농간에 있습니다. 이 책 내용의 전부 또는 일부를 재사용하려면 반드시 양측의 서면 동의를 받아야 합니다.

* 이 도서의 국립중앙도서관 출판예정도서목록(CIP)은 서지정보유통지원시스템 홈페이지(http://seoji.nl.go.kr)와 국가자료공동목록시스템(http://www.nl.go.kr/kolisnet)에서 이용하실 수 있습니다.(CIP제어번호: CIP2019001447)